AF322073

DES RÉSULTATS,

SINON ASSURÉS,

AU MOINS EXTRÊMEMENT PROBABLES,

DES

DISPOSITIONS FINANCIÈRES

DE

M. LE MINISTRE DES FINANCES,

RELATIVES

AU PROCHAIN EMPRUNT DE 120 MILLIONS,

SUR RENTES 5 POUR CENT.

Lib. 51. 623.

PARIS. — IMPRIMERIE DE COSSON,
Rue Saint-Germain-des-Prés, n° 9.

SUITE DE L'ÉCRIT AYANT POUR TITRE :

DES RÉSULTATS,

SINON ASSURÉS,

AU MOINS EXTRÊMEMENT PROBABLES,

DES

DISPOSITIONS FINANCIÈRES

DE

M. LE MINISTRE DES FINANCES,

RELATIVES

AU PROCHAIN EMPRUNT DE 120 MILLIONS,

SUR RENTES 5 POUR CENT.

PAR ARMAND SÉGUIN,

DE L'INSTITUT.

PARIS.

AVRIL 1831.

DES RÉSULTATS,

SINON ASSURÉS,

AU MOINS EXTRÊMEMENT PROBABLES,

DES

DISPOSITIONS FINANCIÈRES

DE

M. LE MINISTRE DES FINANCES,

RELATIVES

AU PROCHAIN EMPRUNT DE 120 MILLIONS,

SUR RENTES 5 POUR CENT.

———

Mon principal but, en publiant l'écrit auquel celui-ci fait suite, a été de mettre sous les yeux de M. le ministre des finances actuel, administrateur bien intentionné, les résultats qui dériveraient d'une adjudication au prix que j'ai pris pour base, et conséquemment de lui faciliter le moyen de fixer, en connaissance de cause, le minimum du prix d'adjudication qu'il est le maître d'établir, à sa volonté, comme condition de non-adjudication.

J'aurais pu, dans ce but, donner plus d'étendue à mon travail et multiplier les résultats analogues, en donnant ceux de tous les cours possibles, depuis celui de 65 francs jusqu'à celui de 80 fr., limites très-probables des soumissions ; mais j'ai préféré, pour ne pas compliquer la question, et ne pas fatiguer l'attion de mes lecteurs, me borner à établir, provisoirement, les résultats d'une adjudication au prix le plus rapproché du cours d'alors sur la place, savoir, à 75 fr. pour 5 fr.

Aujourd'hui que la baisse fait de nouveaux progrès, tellement rapides, qu'il est fortement à craindre que, au moment de l'adjudication, les cours sur la place ne dépassent pas 70 fr. pour 5 fr., et qu'ainsi les soumissions atteignent à peine ce prix, il importe que le ministre, avant que d'engager sa responsabilité, en adjugeant pour le moment à un si bas prix, se convainque bien que l'intérêt de l'Etat lui impose impérieusement le devoir de fixer un minimum d'adjudication dépassant le taux de 70 francs et même celui de 75 francs pour 5 francs.

Dans ce but, après avoir précédemment démontré quelle serait la perte pour l'Etat, dans la supposition d'une adjudicaiion à 75 fr. pour 5 fr., je vais établir quelle serait cette perte, en supposant l'adjudication à 70 fr. pour 5 fr.

Objecterait-on qu'une telle fixation de minimum supérieur à 75 fr. pour 5 fr., pourrait empêcher la réalisation de l'emprunt? Serait-ce donc là un grand malheur? pourrait-on répliquer.

Comment alors, ajouterait-on, se procurer les fonds qui nous sont nécessaires? Comment? Ingéniez-vous, donnez carrière à votre imagination, vous avez pour cela une compensation, sans doute suffisante, en traitemens et en récompenses honorifiques.

Ces deux bases de tendance, sinon à perfection, au moins à amélioration relative, vous en jouissez; la troisième, dont les élémens sont l'étendue de lumières et la capacité suffisante d'imagination, dépend uniquement de vous, ou du moins de votre bonne étoile, si vous en avez une, et si vous êtes forcé d'y recourir. «Etes-vous heureux?» disait autrefois un de vos

BIBLIOTHÈQUE NATIONALE
R. F.
IMPRIMÉS

prédécesseurs ; d'autres pourront dire aujour-
d'hui : « Si vous n'êtes pas heureux, soyez au
moins habiles. » Ne vous reposez donc pas
avec trop de confiance sur d'autres que sur
vous-même. Le zèle des étrangers n'est pas
inépuisable, quoique, par amour-propre, et
probablement plus encore dans leur intérêt
spécial bien entendu, de fondre leur prospérité dans celle de l'Etat, ils ne se soient
jamais lassés de donner, en toute circonstance,
et en cas d'urgence, quelques nouveaux coups
de collier : habitude tellement enracinée en eux
que, dans peu de jours encore, ils vous indi-
queront les moyens de réussite après lesquels
vous semblez courir sans les atteindre, conti-
nuant à vous les livrer sans réserve, quoique
toutefois, avec la conviction que ce sera encore
ce que vulgairement on désigne par cette ex-
pression, « jeter sa poudre au vent. »

Autrefois, on disait souvent : « Si le roi sa-
vait ! » Se servant des mêmes mots, mais y ap-
pliquant un autre sens, on pourrait mainte-
nant, relativement aux gouvernans, dire : « S'ils
savaient et s'ils pouvaient ! » Puis traduire ainsi
ce vœu en langue vulgaire : « Si la profondeur et
la variété de leur imagination, ainsi que l'étendue de leurs lumières, les plaçaient dans la posi-

tion de savoir et de pouvoir, combien cela serait heureux!» Car jamais peut-être ne se présentera-t-il une circonstance aussi favorable de fonder la prospérité financière de la France sur un plan d'ensemble neuf et bien entendu. Nous aurons pu atteindre ce but; nous ne l'aurons pas fait: et cependant, quelque jour, nous attribuerons sans doute à d'autres motifs la titillation douloureuse des épines qui naîtront de notre inaction.

En tout, le choix du moment opportun, est l'une des conditions les plus assurées des directions d'amélioration.

Au lieu de nous frayer une telle voie de direction, nous nous bornons à puiser sans réserve dans ce qu'on peut nommer le sac à mouture; un jour enfin ce sac s'épuisera, et nous y trouverons alors à peine quelques miettes de son.

Belle France, qu'il serait pénible et cruel, arrivée si près du port, d'y entrevoir un incendie violent, et de n'y plus guères trouver que des cendres!

Bonne étoile de la France, ayez pitié de vos protégés! sauvez-nous! Quelles que puissent être nos oscillations, soyez assez généreuse pour les oublier! Livrés à nous-mêmes, par reconnaissance, nous en réparérons les funestes conséquences ; si ce ne sont eux en détail, ce sera nous en masse. Notre état de civilisation doit vous en servir de garant.

RÉSULTATS

DE L'EMPRUNT DE 120 MILLIONS FONDÉ SUR UNE
ADJUDICATION AU PRIX DE 70 FR. POUR 5 FR.

Encaissement de l'emprunt.

120,000,000 fr.

Arrérages de l'emprunt.

8,572,000 fr.

Taux d'extinction.

Taux moyen intermédiaire entre le taux con-
stitué et le taux de négociation:

85 fr. pour 5 fr.

Taux d'intérêt de cette base d'extinction.

$5 \frac{883}{7000}$ pour o/o.

Somme de libération.

145,720,000 fr.

Puissance de libération fixée par le projet de loi.

1,200,000 fr.

Durée de la libération.

36 années 6 mois 1 jour.

Débours pour le service des arrérages et de la puissance de libération.

9,772,000 fr.

Somme de jouissance au moment de l'achève-
ment de la libération.

Ces jouissances calculées pendant la durée de
la libération à l'intérêt de rachat de $5 \frac{883}{1000}$ pour
o/o, donnent une somme de :

975,300,000 fr.

Somme des dépenses à l'époque de l'achèvement
de la libération.

Les 9,772,000 fr. de débours pour les arrérages et la puissance de la libération, renouve-
lés tous les ans, et calcnlés pendant toute la
durée de la libération, au même intérêt de
$5 \frac{883}{1000}$ pour o/o donnent une somme de

1,183,980,000 fr.

Balance entre le compte actif et le compte passif.

208,680,000 fr.

C'est-à-dire plus de 208 pour o/o de l'encaissement de l'emprunt.

En 1825, le rapport de perte était de

41 pour o/o.

Au taux d'adjudication de 75 francs pour 5 fr. il serait de

128 pour o/o

Au taux d'adjudication de 70 fr. pour 5 fr. il serait de

208 pour o/o.

D'après ces détails, que M. le ministre des finances choisisse entre ces données, et prononce sa fixation du minimum du prix de soumission.

Ou mieux encore, s'il a quelques craintes sur les suites de sa responsabilité, qui pourrait bientôt n'être pas tout-à-fait illusoire, qu'il fasse par lui-même les calculs nécessaires pour la fixation de ce chiffre au dessus de 75 fr.

Aidons-nous, le Ciel nous aidera.

ARMAND SÉGUIN

www.ingramcontent.com/pod-product-compliance
Lightning Source LLC
LaVergne TN
LVHW050244060726
842525LV00007B/2843